BEI GRIN MACHT SICH IHR WISSEN BEZAHLT

- Wir veröffentlichen Ihre Hausarbeit, Bachelor- und Masterarbeit
- Ihr eigenes eBook und Buch - weltweit in allen wichtigen Shops
- Verdienen Sie an jedem Verkauf

Jetzt bei www.GRIN.com hochladen und kostenlos publizieren

Bibliografische Information der Deutschen Nationalbibliothek:

Die Deutsche Bibliothek verzeichnet diese Publikation in der Deutschen Nationalbibliografie; detaillierte bibliografische Daten sind im Internet über http://dnb.d-nb.de/ abrufbar.

Dieses Werk sowie alle darin enthaltenen einzelnen Beiträge und Abbildungen sind urheberrechtlich geschützt. Jede Verwertung, die nicht ausdrücklich vom Urheberrechtsschutz zugelassen ist, bedarf der vorherigen Zustimmung des Verlages. Das gilt insbesondere für Vervielfältigungen, Bearbeitungen, Übersetzungen, Mikroverfilmungen, Auswertungen durch Datenbanken und für die Einspeicherung und Verarbeitung in elektronische Systeme. Alle Rechte, auch die des auszugsweisen Nachdrucks, der fotomechanischen Wiedergabe (einschließlich Mikrokopie) sowie der Auswertung durch Datenbanken oder ähnliche Einrichtungen, vorbehalten.

Impressum:

Copyright © 2017 GRIN Verlag, Open Publishing GmbH
Druck und Bindung: Books on Demand GmbH, Norderstedt Germany
ISBN: 9783668505384

Dieses Buch bei GRIN:

http://www.grin.com/de/e-book/372942/atalante-und-medea-schoene-frauen-ohne-gnade

Winfried Kumpitsch

Atalante und Medea. Schöne Frauen ohne Gnade?

GRIN Verlag

GRIN - Your knowledge has value

Der GRIN Verlag publiziert seit 1998 wissenschaftliche Arbeiten von Studenten, Hochschullehrern und anderen Akademikern als eBook und gedrucktes Buch. Die Verlagswebsite www.grin.com ist die ideale Plattform zur Veröffentlichung von Hausarbeiten, Abschlussarbeiten, wissenschaftlichen Aufsätzen, Dissertationen und Fachbüchern.

Besuchen Sie uns im Internet:

http://www.grin.com/

http://www.facebook.com/grincom

http://www.twitter.com/grin_com

Atalante und Medea.
Schöne Frauen ohne Gnade?

Ausarbeitung des Referates

Inhaltsverzeichnis

I. Atalante, die leichtfüßige Jungfrau 2

1. Herkunft und Jugend 2

2. Argonauten 3

3. Leichenspiele des Pelias 3

4. Kalydonische Eberjagd 3

5. Von Freiern und Kindern 5

6. Ihr Schicksal 6

II. Medea 7

1. Herkunft 7

2. Medea und die Argonauten 7

3. Medea in Korinth 9

4. Ihr Schicksal 11

Literaturverzeichnis 12

Quellen 12

Literatur 12

I. Atalante, die leichtfüßige Jungfrau

Der Name Atalante bedeutet „die Unermüdliche" oder „die andere aufwiegt" und bezieht sich vermutlich darauf, dass Atalante im Wettlauf ihren männlichen Konkurrenten nicht nur ebenbürtig, sondern auch überlegen war.[1] Dargestellt wird sie mit kurzem Chiton und bewaffnet mit einem Jagdspieß oder mit Pfeil und Bogen.

Der Mythos von Atalante, der jungfräulichen Jägerin, ist uns in zwei lokalen Traditionen mit geringen Unterschieden überliefert.[2] Die eine Tradition ist der boiotische, bereits dem Hesiod bekannte, die andere ist der arkadische Atalantemythos.[3]

1. Herkunft und Jugend

Gemäß der boiotischen Tradition war Atalante die Tochter des Schoinus[4], der sie, da er einen Sohn erhofft hatte, im Gebirge aussetzen ließ[5]. Dort wurde Atalante aber von einer Bärin gefunden und solange gesäugt, bis sie von Jägern gefunden und großgezogen wurde. Als junge Frau verweigerte Atalante die Ehe und ging in die Wildnis, um wie Artemis, der sie sich geweiht hatte, eine jungfräuliche Jägerin zu sein.[6]

Ähnliches berichtet auch die arkadische Tradition, nur das hier der Vater Iasos,[7] Iasios[8] oder Iasion[9] heißt. Problematisch in ihrer Einordnung ist die Episode des versuchten sexuellen Übergriffes durch die, vom Wein berauschten, Kentauren Hylaios und Rhoikos, den die beiden mit ihrem Leben bezahlten. Denn je nachdem wer es erzählt, ist es entweder als letztes Abenteuer des boiotischen[10] oder als erstes Abenteuer des arkadischen[11] Mythos einzuordnen.[12] Woher Euripides den Mainalos/Maenaleus als Vatersnamen hat, ist unklar.[13]

---

[1] Vgl. Wilhelm Heinrich Roscher: *Lexikon der griechischen und römischen Mythologie*. Hildesheim, 1965 Reprografischer Nachdruck von: Leipzig, Bd. I 1, Sp. 667, s.v. Atalante.
[2] Zur Identifizierung der beiden Traditionen siehe Roscher, 1884-1886, Bd. I 1, Sp. 664-668 s.v. Atalante. und Karl Kerényi: *Die Mythologie der Griechen*. Götter, Menschen & Heroen. Stuttgart, [7]2016, Teil II, S. 97-100; hingegen für eine absolute Trennung der beiden Traditionen siehe Jakob Escher-Bürkli: *RE II 2* (1896) Sp. 1890-1894, s.v. Atalante Nr. 4.
[3] Vgl. Roscher, 1884-1886, Bd. I 1, Sp. 664-668, s.v. Atalante.
[4] Apollod. I 8, 2 mit dem Zusatz "von Arkadien"; Apollod. I 9 16; Diod. IV 34,4; Hyg. fab. 173; 185; Paus. VIII 35 10.
[5] Kallim. Artem. 221.
[6] Apollod. III 9 2, wobei Apollodor hier den Vatersnamen mit Iasos angibt.
[7] Apollod. III 9 2.
[8] Hyg. fab. 70; Kallim. Artem. 215; Theogn. 1238.
[9] Aelian var. hist. XIII 1; Apoll. Rhod. I 769.
[10] Kallim. Artem. 221 berichtet, dass Melanion, der Freier der Atalante, eine Verletzung davon trug als er ihr im Kampf beistand, was in die boiotische Tradition passen würde. Gleichzeitig nennt er aber Arkadien als Heimat der Atalante, was wieder nicht mit Melanion zusammenpasst, denn im arkadischen Mythos heißt der Freier Hippomenes! (s. d. Von Freiern und Kindern S. 6)
[11] Aelian var. hist. XIII 1 und Apollod. III 9, 2 lassen den Übergriff in der Jugend der Atalante, noch vor der kalydonischen Eberjagd stattfinden.
[12] Vgl. Roscher, 1884-1886, Bd. II 1,Sp. 1048-1049, s.v. Kentauren, IV) Atalantes Kentaurenkampf.

2. Argonauten

Die bekannteste Erzählung von der Fahrt der Argonauten ist die *Argonautika* des Apollonios von Rhodos. Aber ausgerechnet hier verweigert Iason der Atalante die Teilnahme an der Unternehmung, da er befürchtet, dass eine Frau unter den Männern zu Streit führen könnte.[14] Apollodor und Diodor überliefern uns aber ihrer Teilnahme, weshalb es auch eine/oder mehrere Tradition/-en ihrer Teilnahme an dieser Fahrt gegeben haben muss.[15] In dem, in einer Tradition, stattfindenden Gefecht mit dem kolchischen König wird Atalante gemeinsam mit vielen anderen Argonauten schwer verwundet und überlebt nur mit Hilfe der Heilkünste Medeas.[16]
Außerdem findet sich Atalante unter den Teilnehmern an den Leichenspielen des Pelias, die unmittelbar nach der Ankunft der Argonauten in Iolkos stattfanden.[17] Weshalb aber hätte Atalante denn in Iolkos sein sollen, außer sie wäre Teil der Argonauten gewesen?!

3. Leichenspiele des Pelias

Nach der erfolgten Rückkehr der Argonauten nach Iolkos und der Tötung des Pelias durch seine Töchter[18] richtete sein Sohn Akastos die Leichenspiele für seinen Vater aus. An diesen nahm der Meinung der meisten antiken Autoren auch Atalante teil.[19]
Jedenfalls gewann auch hier Atalante im Ringkampf gegen Peleus, den zukünftigen Gemahl der Thetis und daher Vater des Achilleus.[20]
Dieser Ringkampf der Atalante mit Peleus stellt ein so beliebtes Motiv in der griechischen Kunst dar, dass es sogar in Etrurien bekannt war, wie der Fund einer Bronzeurne mit den beiden als Ringern am Deckel beweist.[21]

4. Kalydonische Eberjagd

Die wohl bekannteste Episode des Atalantemythos ist die kalydonische Eberjagd. Oineus, der König von Kalydon, verweigerte oder vergaß einst nach einer reichen Ernte Artemis ein

---

[13] Appolod. III 9, 2.
[14] Apoll. Rhod. I 768.
[15] Apollod. I 9, 16; Diod. IV 41, 2; 48.
[16] Diod. IV 48.
[17] Apollod. III 9, 2; III 13, 3.
[18] S.d. Medea und die Argonauten S. 8.
[19] Vgl. Roscher, 1884-1886, Bd. I 1, Sp. 665, s.v. Atalante.
[20] Apollod. III 9, 2; III 13, 3.
[21] Atalante ringt mit Peleus, etrurische Bronzeurne, 3. Drittel 4. Jh. v. Chr., Bibliothèque Nationale de France, bronze.1365, in: http://www.limc-france.fr/photo/9125d3aa9b436d16c9465438da3d50c9 [abgerufen am 19.11.2016].

Opfer zu bringen. Als Strafe sandte die erzürnte Göttin einen gewaltigen Eber, der das Land verwüstete und alle gegen ihn gesandten Jäger tötete.[22]

Der Königssohn und Argonaut Meleager rief daraufhin zahlreiche Heroen zur Jagd, darunter die Söhne des Thestius, Plexippus und Toxeus[23] (Brüder seiner Mutter Althaea)[24], Iason, Herakles, Peleus (der kein Jagdglück hatte, sondern seinen Gefährten Eurytion tötete),[25] die Dioskuren und ihre messenischen Cousins Idas und Lynkeus, und auch Atalante.[26] Apollodor berichtet, dass die Männer sich zunächst weigerten mit einer Frau auf die Jagd zu gehen und erst von Meleager überredet werden mussten.[27]

Auf der Jagd war es Atalante, der es gelang dem Eber die erste Wunde zuzufügen[28], aber Meleager erlegte den Eber.[29] Als es zur Verteilung der Jagdbeute kam, erzürnte, der in Atalante verliebte[30] Meleager, seine Oheims dadurch, dass er das Fell des Ebers Atalante zusprach. Die beiden nahmen Atalante das Fell mit Gewalt ab, worauf Meleager sie, nachdem er mit ihnen darüber in Streit geraten war, erschlug.[31]

Seine Mutter Althaea, der Onkeln Schwester, nahm ihrem Sohn Meleager daraufhin das Leben. Sei es durch Anrufung der Götter[32], sei es dass sie ein Scheit, von dem ihr bei der Geburt prophezeit worden ward, dass sobald es Asche sei, auch ihr Sohn sterben würde, ins Feuer warf.[33] Aus Trauer über ihre Tat nahm sie sich schließlich das Leben, indem sie sich erhängte[34] oder, nach späterer Version, sich mit einem Schwert das Leben nahm[35].

Eine weitere Version berichtet uns noch Apollodor: Nach dieser soll es, wegen der Vergabe des Felles, zu einem Krieg zwischen den Kalydoniern und den Kureten gekommen sein. In diesem Krieg tötete Meleager seine Oheims in der Schlacht, woraufhin seine Mutter Altaea ihren Sohn verfluchte. Darüber erbost soll sich Meleager schmollend in sein Schlafgemach zurückgezogen haben und erst als die Feinde dieses in Brand stecken wollten, wieder in den Kampf eingegriffen haben und gefallen sein. Hierauf hätten sich Althaia und Kleopatra erhängt.[36]

---

[22] Apollod. I 8, 2; Diod. IV 34, 1-3; Ov. met. VIII 273-300.
[23] Ov. met. VIII 439-441.
[24] Diod. IV 34, 5; Ov. met. VIII 445-447.
[25] Apollod. I 8, 2; III 13, 2.
[26] Apollod. I 8, 2; III 9, 2; Diod. IV 34, 4; Paus VII 45, 2; Ov. met. VIII 300-318.
[27] Apollod. I 8, 2; vgl. Kerényi, 2016, Teil II, S. 99.
[28] Ov. met. VIII 380-385.
[29] Diod. IV 34, 5; Ov. met. VIII 415-419; Roscher, 1987.
[30] Apollod. I 8, 2 gibt dem Meleager die Kleopatra zur Frau; Diod. IV 34, 4; Ov. met. VIII 324-328.
[31] Apollod. I 8, 2-3; Diod. IV 34, 4-5; Ov. met. VIII 425-444.
[32] Diod. IV 34, 5.
[33] Apollod. I 8, 2-3; Diod. IV 34, 6; Ov. met. VIII 445-525.
[34] Diod. IV 34, 6.
35 Ov. met. VIII 531-533.
[36] Apollod. I 8, 3.

In der griechischen Vasenmalerei wurde die Jagdszene bevorzugt dargestellt.[37] In römischer Zeit war der sogenannte Meleagersarkophag ein weit verbreiteter Typus.[38]

5. Von Freiern und Kindern

Folgt man der boiotischen Tradition, ging Atalante nach der Eberjagd, um den ihr lästig werdenden Freiern zu entkommen, zurück in die Gebirgswälder ihrer Heimat. Dort traf sie eines Tages auf Melanion, der seinerseits in die Wildnis gegangen war, um sich nicht vermählen zu müssen. Beim Anblick der Atalante verliebte Melanion sich aber in sie und begann um sie zu werben.[39]

Sein unermüdliches Werben um die abweisende Jungfrau, und sein geduldiges Ertragen aller Mühsal die, einerseits das Leben im Gebirge, andererseits Atalante selbst, bereiteten, war ein beliebter Stoff der Dichter.[40] Eine dieser Mühsal ist die Verwundung des Melanion durch die Kentauren Hylaios und Rhoikos, als diese sich versuchen an Atalante zu vergreifen. Schließlich erbarmte sich Aphrodite des Melanion und ließ in Atalante Liebe zu ihm entflammen.

Ebenfalls der boiotische Tradition entspringt die Mutterschaft zu ihrem Sohn Parthenopaios, der seinen Namen vom Jungfrauengebirge erhielt, in dem Atalante ihn aussetzte um den Anschein ihrer Jungfräulichkeit zu wahren.[41] Als Erwachsener begegnet uns Parthenopaios erneut als einer der "Sieben gegen Theben".[42]

Bei den meisten Autoren ist die Mutterschaft der Atalante unangefochten, dafür aber ist die Vaterschaft umstritten. Entweder nennt man Meleager,[43] Melanios[44] oder Ares[45] als Vater. Bemerkenswert ist, dass es auch die Tradition gibt, in der Talaos als Vater des Parthenopaios genannt wird, wobei hier die Mutter eine andere ist.[46]

Ganz anders gestaltet sich die arkadische Tradition. Nach der Eberjagd fand Atalante ihren Vater Iasos, der von ihr verlangte zu heiraten. Atalante stimmte unter der Bedingung zu, dass

---

[37] Kalydonische Eberjagd, Schwarzfigurige Sianaschale, 580 - 570 v. Chr. Paul Getty Museum, Malibu, 86.AE.154, in: http://www.theoi.com/Gallery/M17.1.html [abgerufen am 19.11.2016].
[38] Meleagersarkophag, 1. Viertel 3. Jh. n. Chr. Damaskus, 25596, in: http://www.limc-france.fr/objet/10605 [abgerufen am 19.11.2016].
[39] Vgl. Kerényi, 2016, Teil II, S. 99.
[40] Theogn. 1287; vgl. Roscher, 1884-1886, Bd. I 1, Sp. 665, s.v. Atalante.
[41] Hyg. fab. 99. Apollod. I 9, 13 hingegen gibt dem Parthenopaios den Talaos und die Lysimache zu Eltern und lässt dessen Sohn Promachos gegen Theben ziehen. Ebenso Paus. II 20, 5.
[42] Apollod. III 9, 2; Paus. IX 18, 6.
[43] Hyg. fab. 70; 99; 270.
[44] Apollod. III, 9, 2; Paus. III 12, 9 ohne Muttername.
[45] Apollod. III, 9, 2; Serv. Aen. III 113.
[46] Apollod. I 9, 13 nenn die Mutter Lysimache; Paus. II 20, 5; IX 18, 6 nennt keinen Mutternamen.

nur wer sie im Wettlauf besiege, sie zur Frau nehmen dürfe, wer aber besiegt würde, sterben müsse.[47]

Mehr als nur ein Jüngling freite auf diese Weise um Atalante, jedem lies sie einen Vorsprung, bevor sie die Verfolgung aufnahm und ihn von hinten mit ihrem Jagdspieß durchbohrte. Als Rechtfertigung für dieses blutrünstige Verhalten geben einige Autoren ein Orakel an: *„Einen Gemahl brauchst du, Atalante, keineswegs. Meide die Ehe. Freilich wirst du ihr nicht entrinnen und bei lebendigen Leibe dein Wesen verlieren."* (Ov. met. X 565-566 (ÜS M. von Albrecht)) Eines Tages kam schließlich ein Jüngling namens Hippomenes[48] oder Hippomedon[49] um Atalante zu freien.

Ovid erzählt von der Tradition abweichend, dass Atalante selbst, beim Anblick jenes Jünglings, gewünscht habe, er möge nicht das Schicksal seiner Vorgänger teilen.[50] Doch auch bei ihm gewinnt Hippomenes dadurch, dass er beim Lauf goldene Äpfel fallen lässt, die ihm Aphrodite gab. Atalante verlor dadurch das Rennen, da sie, von deren Schönheit bezaubert, stehen blieb und sie aufhob.[51]

Die sog. Atalante-Lekythos[52] ist eine der seltenen Darstellungen dieser Episode. Zwar fehlt Hippomenes oder ein Verweis auf das grausige Schicksal der Freier, doch verweisen die beiden Eroten dezent auf die Einflussnahme der Göttin Aphrodite und deuten das Ergebnis an.

6. Ihr Schicksal

In beiden Traditionen des Mythos gelang es dem Freier, durch die Hilfe der Aphrodite, Atalante zu gewinnen, und in beiden vergaß er der Aphrodite dafür entsprechend zu danken. Die erzürnte Aphrodite strafte dafür durch Entfachung körperlichen Verlangens an einem ungeeigneten Orte: in boiotischer Tradition in einem der Kybele geweihten Hain[53], in arkadischer Tradition in einem Zeusheiligtum.[54] Die darob erzürnte Gottheit strafte dadurch, dass beide in Berglöwen verwandelt wurden, denen es untersagt wurde sich zu vereinigen[55].

---

[47] Apollod. III, 9, 2; Ov. met. X 568-572. Wobei Ovid Atalante wie in der boiotischen Tradition im Wald leben lässt und nicht am Hofe ihres Vaters. Anders Hyg. fab. 185: zunächst einmal nennt er den Vater Schoinus und dann ist der tödlich Wettlauf Idee des Vaters.
[48] Theokr. III 40; Ov. met. X 575.
[49] Roscher, 1884-1886, Bd. I 1, Sp. 666, s.v. Atalante.
[50] Ov. met. X 609-635.
[51] Theokr. III 40-42; Serv. Aen. III 113; Ov. met. X 644-680.
[52] Sog. Atalante-Lekythos, Attika, 500 - 495 v. Chr., Cleveland Museum of Art, 66. 114, in: http://www.clevelandart.org/art/1966.114?collection_search_query=Atalante&op=search&form_build_id=form-XNW9DfMJ31jbyidrl6zeJqngxovXSCoGu4fBVE_Rnmg&form_id=clevelandart_collection_search_form [abgerufen am 19.11.2016].
[53] Ov. met. X 681-695; Serv.. Aen. III 113.
[54] Hyg. fab. 185 nennt das Heiligtum am Berg Parnassos und lässt das Verlangen während des Opfers entflammen.
[55] Ov. met. 694-704; Vgl. Kerényi, 2016, Teil II, S. 99.

II. Medea

Da Medea so gut wie immer im deutlich erkennbaren Szenen des Mythos dargestellt ist, gibt es für sie keine belegten Attribute.

1. Herkunft

Medea ist die Tochter von Aietes, dem König von Kolchis, einem Sohn des Helios und der Okeanide Idyia oder Persis.[56] Wo Persis als Großmutter fungiert, da wird Idyia als Mutter der Medeia und der Chalkiope genannt.[57] Ein anderer Name für die Mutter ist Hekate. Entweder wird damit die Göttin selbst gemeint, oder es ist die Tochter des Bruder Perses, der der Bruder des Aietes ist.[58]

Von ihrer Mutter lernten Medea den Umgang mit Kräutern und magischen Künsten.[59] Medea ist die Hohepriesterin im Kult um das Goldene Flies, das in einem Hain des Ares aufbewahrt und von einem Drachen bewacht wurde.[60]

2. Medea und die Argonauten

Als Iason gemeinsam mit den Argonauten nach Kolchis kam, um das Goldene Flies zu holen, verliebte sich Medea in Iason und half ihm, gegen sein Versprechen von Heirat und lebenslanger Treue[61], nicht nur mit Rat und Tat die Stiere des Hephaistos zu bändigen, sondern auch beim Raub des Goldenen Flieses, indem sie den Drachen einschläferte, und floh gemeinsam mit den Argonauten.[62] Kompliziert wird es jetzt mit der Erstellung einer Chronologie der Heimreise: Laut Diodor kam es noch an kolchischer Küste zu einem Gefecht mit Aietes, in dessen Verlauf Meleager den Aietes erschlug. Nach diesem Gefecht war es nur der Heilkunst Medeas zu verdanken, dass die meisten Argonauten, darunter auch Atalante, wieder genesen und nicht Einzug in den Hades hielten.[63]

Die geläufigere Version ist, dass es den Argonauten gelang ohne Kampf aus Kolchis abzufahren, aber von Aietes verfolgt wurden. Gemäß einer Version führte Medea ihren jüngeren Bruder Apsyrtos mit, den sie zerstückelte[64] und ins Meer warf, sodass Aietes die

---

[56] Hes. theog. 956-962 nennt als Eltern des Aietes und der Kirke Helios und die Oekanide Persis; Appol. Rhod. IV, 223.
[57] Apollod. I 9,23, Appol. Rhod. II, 1140-1156 Chalkiope Tochter des Aietes. Vgl. Kerényi, 2016, Teil II, S. 208.
[58] Diod. IV 45,1-3.
[59] Diod. IV 45,3-46,1; Roscher, 1884-1886, Bd. II, 2, Sp. 2482-2486 s.v. Medeia.
[60] Apollod. I 9,23; Diod. IV 47,1-3; Apoll. Rhod. IV 156.
[61] Lebenslange Treue dezidiert nur bei Diod. IV 46, 4-5; 54, 1-4.
[62] Apollod. I 9,23; Diod. IV 46,4-48,3; Apoll. Rhod. III 1-29; IV 123-182; Hes. theog. 992-1002, Ov. met. VII 5-158.
[63] Diod. IV 48,4-5.
[64] Laut Eur. Med. 1334 fand die Tötung noch im kolchischen Palast statt.

Verfolgung abbrach, um die Leichenteile seines Sohnes aufzusammeln und ihn in Kolchis zu beerdigen.[65]

Hingegen in der *Argonautika* verfolgt Apsyrtos die Argonauten und stellt sie auf der Istros im adriatischen Meer. Dort wird er durch eine List Medeas von Iason getötet.[66] Wegen dieses Mordes sandte der erzürnte Zeus zunächst einen Sturm und schließlich begann nahe Kerkyra die Argo selbst zu sprechen und warnte vor dem schuldbeladenen Paar! Auf den Rat der Argo hin, fuhren die Argonauten zur Zauberin Kirke, einer Tochter des Helios[67], die dann beide entsühnte.[68]

Auf der Insel der Phaiaken wurde die Ehe durch die phaiakische Königin Arete geschlossen, da der König Alkinoos beschlossen hatte Medea den angekommenen Kolchiern zu übergeben, sofern Medea noch nicht Iasons Frau sei.[69]

Auf Kreta wurde der bronzene Riese Talos,[70] der ein Geschenk des Hephaistos an König Minos war,[71] getötet. Entweder vernichtete ihn der Argonaut Poeas, der ihn durch die Ferse schoss oder es tötete ihn Medea durch ihre Magie,[72] wie es auf der Talosvase[73] dargestellt ist, oder, indem sie unter dem Vorwand, ihn verjüngen zu wollen, ihm den Nagel aus seiner Ader zog und ihn verbluten ließ.[74]

Kurz vor der Rückkehr der Argonauten nach Iolkos zwang Pelias Aison, den Vater des Iason, zum Selbstmord und ließ dessen Frau Perimede[75]/Amphinome[76] und den jüngsten Sohn Promachus töten.[77]

Deswegen schwor Medea Vergeltung und brachte von den fünf/drei Töchtern des Pelias, vier/zwei, also alle bis auf eine,[78] dazu den Vater zu zerstückeln, um diesen, wie es z. B. auf

---

[65] Apollod. I 9,23-24; Anders Hyg. fab. 23 wo Absyrtus erst nach der Phaiakeninsel von Iason getötet wird.
[66] Apoll. Rhod. IV 224; 303-481; Vgl. Kerényi, 2016, Teil II, S. 211.
[67] Hes. theog. 956-962.
[68] Apollod. I 9,24; Apoll. Rhod. IV 557-591; 659-717.
[69] Apollod I 9,25; Apoll. Rhod. IV 1106-1169; Bei Hyg. fab. 23 ist es Apsyros der die Herausgabe Medeas fordert.
[70] Seine einzige Schwachstelle war, dass er nur eine Ader hatte, die von einem Fuß bis zu seinem Kopf durchgängig war. Am Kopf war die Öffnung durch einen Nagel verschlossen. Apollod I 9, 26.
[71] Apollod I 9,26; Apoll. Rhod. IV 1638-1640 gibt als Empfänger die Europa an; Hyg. fab. 23.
[72] Apoll. Rhod. IV 1659-1693.
[73] Medea tötet Talos, sog. Talosvase, um 400 v. Chr., Sammlung Jatta, Ruvo di Puglia, Inv.-Nr. 1501, in: http://arachne.uni-koeln.de/arachne/index.php?view[section]=uebersicht&view[layout]=objekt_item&view[caller][project]=&view[page]=1&view[category]=overview&search[data]=ALL&search[mode]=meta&search[match]=similar&view[active_tab]=overview&search[constraints]=Talos [abgerufen am 19.11.2016].
[74] Apollod I 9,26.
[75] Appold. I 9,16.
[76] Diod. IV 50,2.
[77] Appold. I 9,27; Diod. IV 50,1-2. Wobei eine unterschiedliche Begründung gegeben wird. Bei Diodor nützt Aietes die ausbleibende Rückkehr von Iason und das Gerücht eines Scheiterns der Argonauten aus, um sich Aisons zu entledigen. Hingegen bei Appolodor ist es eine Panikreaktion von Aietes auf die Rückkehr der Argonauten.
[78] Vgl. Kerényi. 2016, Teil II, S. 215-216.

einer Marmorplatte dargestellt ist,[79] anschließend „jung kochen" zu können. Als Beweis, dass dies funktioniere, zerstückelte Medea einen alten Schafsbock und kochte ihn zu einem lebendem Lämmchen[80], wie dies z. B. auf einer Oinochoe zu sehen ist.[81]
Von dieser grausigen Geschichte spricht Ovid zwar nicht, dafür berichtet er aber, dass Medea den greisen Aison auf Bitten ihres geliebten Iason hin verjüngt habe. Ihr Vorgehen hierbei wird aber nicht weniger gruselig geschildert. Es beginnt mit dem Sammeln der benötigten Zaubermittel, geht weiter mit der Zubereitung des Zaubertrankes und erreicht schließlich seinen Höherpunkt darin, dass dem schlafenden Aison die Kehle durchgeschnitten wird, um das alte Blut herauszulassen und dem zubereiteten Trank einzufüllen. Was zumindest bei Ovid von frappierenden Erfolg gekrönt ist.[82] Nach dem Tode des Pelias richtete Akastos, Sohn des Pelias und Argonaut, die Leichenspiele für seinen Vater aus.

3. Medea in Korinth

Nach dem Tod des Pelias verließen Iason und Medea Iolkos und gingen nach Korinth.[83] Was die Ankunft der beiden in Korinth betrifft, so herrschte nach einigen Autoren zu diesem Zeitpunkt eine Hungersnot, die erst durch Kräuter aus Medeas Zauberkasten beendet werden konnte.[84] Iason und Medea lebten zehn Jahre lebten glücklich in Korinth[85], manche Autoren sprechen gar von einer Herrschaft[86], oder auch davon dass Medea immer etwas darunter litt, dass sie für die Korinther eine *xena* blieb.[87]
Wie viele Kinder sie hatten und wie sie hießen, darin sind sich die antiken Autoren aber uneinig. Pausanias erzählt, dass es ein *Naupaktia* genanntes Epos gäbe, indem erzählt werden würde, dass Medea von den Korinthern als Königin berufen worden sei und diese Iason als ihren Königsgemahl genommen habe. Ihre Kinder habe sie nach der Geburt im Heiligtum der Hera Akraia einem Ritual unterzogen, um sie unsterblich zu machen, was aber kein einziges

---

[79] Medea und die Peliaden, Kopie nach einem klassischen Original aus der Zeit um 420/10 v. Chr., Staatliche Antikensammlung, Inv.-Nr. Sk 925, in: http://arachne.uni-koeln.de/arachne/index.php?view[section]=uebersicht&view[layout]=objekt_item&view[caller][project]=&view[page]=0&view[category]=overview&search[data]=ALL&search[mode]=meta&search[match]=similar&view[active_tab]=overview&search[constraints]=Peliaden [abgerufen am 19.11.2016].
[80] Appold. I 9,27; Diod. IV 50,3-52,3. Wobei Diodor der ganzen Sache skeptisch gegenüber steht und meint, dass Medea durch Verwendung halluzinogener Mittel oder ähnlichem den Eindruck erweckt habe, dass ein Lamm aus dem Kessel springen würde.
[81] Medea erweckt Schafsbock zum Leben, schwarzfigurige attische Oinochoe, 480 v. Chr., in: http://www.limc-france.fr/photo/4135854358014e466858adac1eeaf0c9 [abgerufen am 19.11.2016].
[82] Ov. met. VII 240-294; Vgl. Kerényi, 2016, Teil II, S. 215.
[83] Appold. I 9,27 lässt Akastos die beiden vertreiben, während bei Diod. IV 53,1-3 Iason dem Akastos die Königsherrschaft überlässt und freiwillig weggeht.
[84] Pind. Ol. XIII 74; vgl. Roscher S. 1884-1886, Bd. II, 2, Sp. 2493 s.v. Medeia
[85] Apollod. I 9,28; Diod. IV 54,1.
[86] Eur. Med. 10- 20; Diod. IV 54,1; Paus. II 3,11,
[87] Hyg. fab. 25.

Mal funktioniert habe. Beim letzten Kind überraschte Iason Medea dabei und es kam zum Streit, an dessen Ende Iason nach Iolkos zurückkehrte, Medea aber den Sisyphos als König von Korinth einsetzte, bevor sie nach Kolchis zurückging.[88]
Gemeinhin werden Iason und Medea ein bis drei Söhne gegeben, wobei deren Namen davon abhängen, wie viele es jetzt sind. Diejenigen, die von einem Sohn sprechen, nennen diesen Polyxenos.[89] Während diejenigen, die von zwei Söhnen reden, diese Mermeros und Pheres nennen.[90] Diejenigen aber, die von drei Söhnen zu berichten wissen nennen diese Thessalos (Eponymos von Thessalien)[91], Alkimenes und Tisandros.[92]
Als Iason aber, trotz seines Eheschwures, die Tochter des Kreon[93] oder Hippotes[94], Glauke[95] oder Kreusa[96], heiraten wollte, rächte sich Medea fürchterlich.[97] Entweder tötete sie ihre Söhne und schickte anschließend der Kreusa ein verzaubertes Kleid als Hochzeitsgeschenk, dass, als Kreusa es anzog, in Flammen aufging und das Haus niederbrannte, wodurch sie und ihr Vater starben,[98] oder sie schickte ihre Söhne um das "Geschenk" zu überbringen, wodurch auch diese im Feuer umkamen oder von ihrer Mutter getötet wurden,[99] oder aber sie ließ ihre Söhne am Altar der Hera Akraia zurück, wo sie von den Korinthern erschlagen wurden.[100]
Pausanias berichtet, dass die Korinther als Sühne dafür jährlich sieben kahlgeschorene Knaben und Mädchen in schwarzen Kleidern auf ein Jahr ins Heiligtum der Hera schicken mussten, dieser Brauch aber nach 146 v. Chr. (Zerstörung Korinths durch den Konsul Lucius Mummius) eingeschlafen sei.[101] So unterschiedlich der Tod der Glauke und der Medeakinder auch dargestellt wird, wie es für Medea und Iason endete, darüber gibt es verschiedene Versionen.

---

[88] Paus. II 3,10-11. Kerényi, 2016, Teil II, S. 216-217 diesen Epos mit der bei Diod. IV 55, 1 erzählten Einführung eines Festes zu ehren der toten Medeasöhne und deutet die 14 Kindern der Medea (7 Knaben und 7 Mädchen) als Analogie zum Mondzyklus.
[89] Paus. II 3,8.
[90] Apollod. I 9,28; Hyg. fab. 25.
[91] Diod. IV 55,2.
[92] Diod. IV 54,1.
[93] Apollod. I 9,28; Diod. IV 54,1.
[94] Eur. Med. 20.
[95] Apollod. I 9,28; Diod. IV 54,1.
[96] Hyg. fab. 25.
[97] Roscher S. 1884-1886, Bd. II, 2, Sp. 2494-2495 s.v. Medeia.
[98] Apollod. I 9,28; Diod. IV 54,5 lässt Medea einfach Feuerteufel spielen, in 54,6 erwähnt er aber, auch die Version mit dem vergifteten Kleid. In 54, 7 berichtet er dann vom Kindsmord, dem Thassalos als einziger entgeht.
[99] Hyg. fab. 25, das "Geschenk" ist hier eine Krone, Medea tötet ihre Kinder.
[100] Ael. var. hist. V 21; Apollod. I 9, 28; Paus. II 3, 6.
[101] Ael. var. hist. V 21; Paus. II 3, 6-7; Aelian und Pausanias erwähnen, dass man erzählt, dass die Korinther darum den Euripides bestochen hätten, damit er der Medea die Schuld am Tod der Kinder zuschreibe. Diod. IV 55, 1; Eur. Med. 1378-80 erklären diesen Brauch als durch die Pythia, den Korinthern aufgetragene, Sühne für die Ermordung durch die Mutter.

4. Ihr Schicksal

Die bekannteste Version ist, dass Medea mit einem von Schlangen gezogenen Wagen,[102] manchmal mit den Leichen ihrer zwei Söhne (denn bei Autoren mit drei Söhnen gelingt Thessalos ja die Flucht) nach Athen floh, wo sie den Aigeus heiratete und den Medes bekam, später aber von Theseus vertrieben zurück in ihre Heimat ging.[103]

Iason aber war

1. anwesend als Kreusa das Geschenk erhielt und starb in den Flammen[104]; oder
2. er erhängte sich aus Trauer über den Tod seiner Söhne[105]; oder
3. er verlies Korinth als gebrochener Mann, lebte fortan auf der Argo und eines Nachts brach das morsche Schiff über den im Heck schlafenden Iason zusammen und erschlug ihn.[106]

Die wohl am ehesten unserem Verständnis eines "Happy End" entsprechende Variante ist die bei Iustinus, einem Autor des 2./3. Jh. n. Chr.. Am Anfang seines Exkurses über das Königreich von Armenien setzt er die Geschichte, dass Iason Medea vergab, sie wieder zu sich nahm und sie gemeinsam, mit einem von Iason aufgestelltem Heer, in den Osten gingen. Zunächst nach Kolchis, wo man Perses bezwang und Aietes wieder einsetzte, dann ins Gebiet des antiken Armenien zog, wo Iason das Herrscherhaus begründete. Überdies eroberte Iason das Land vom Mittelmeer bis nach Indien.

Sein Sohn Medes wurde Stammvater der Meder. Überall habe man ihm darum Tempel erbaut, die erst von Parmenion abgerissen worden seien, da er nicht wollte, dass einem anderen Menschen neben Alexander solcher Ruhm zu Teil würde![107]

„Itaque Iasoni totus ferme Oriens ut conditori divinos honores templaque constituit, quae Parmenion, dux Alexandri Magni, post multos annos dirui iussit, ne cuiusquam nomen in Oriente venerabilius quam Alexandri esset." (Iust. XLII 3,5)

---

[102] Medea auf dem Schlangenwagen; Detail: Medea auf dem Schlangenwagen, Medea-Krater des Policoro Malers, 5.-4. Jh. v. Chr., Cleveland Museum of Art, CMA_.1991.1; in: http://www.clevelandart.org/art/1991.1?collection_search_query=Policoro+painter&op=search&form_build_id=form-I4PcmJTtjt0-eHbPczcGZ58iRfd0PF7z7n6iUo1JlAw&form_id=clevelandart_collection_search_form [abgerufen am 19.11.2016].
[103] Apollod. I 9, 28; Diod. IV 55, 4-5; Hyg. fab. 26-27. Paus. II 3, 8. Die verschiedenen Versionen variieren zum Teil in der Reihenfolge, so lässt z.B. Diodor Medea zuerst zu Herakles nach Thessalien gehen und ihn vom Wahnsinn heilen bevor sie nach Athen kommt, aber hauptsächlich darin ob Aietes noch am Leben war und wieder eingesetzt werden konnte, oder von seinem Bruder Perses beim Putsch ermordet, schließlich aber auf welche Weise Medes zum Stammvater der Meder wurde.
[104] Hyg. Fab. 25.
[105] Diod. IV 55, 1.
[106] Eur. Med. 1368
[107] Iust. XLII 2, 12-3, 9.

Literaturverzeichnis

Quellen

Aelian: Varia Historia. *Aelian historical miscellany.* Edited and translated by N. G. Wilson. Camebridge, 1997.

Apollodor: *Bibliotheca.* The library: in two volumes. With an english translation by James George Frazer, London, Neudruck 1967.

Diodorus Siculus: Bibliotheca Historica. In: Eric Herbert Warmington (Hrsg.): *Diodorus of Siculus. In twelve volumes.* Translation by Charles Henry Oldfather, Francis Russell Walton, London, 1984.

Euripides: *Sämtliche Tragödien und Fragmente, Bd. I, Alkestis, Medeia, Hippolytos.* Übersetzt von Ernst Buschor, Hrsg. Adolf Seeck, München, 1972.

Hesiod: *Theogonie.* Griechisch-deutsch. Übersetzt und hreausgegeben von Otto Schönberger, Stuttgart, 1999.

Hyginus Mythographus: *Fabulae.* Hrsg. Herbert J. Rose, Leiden, 1930.

Kallimachos: *The hymns.* Edited with introduction, translation, and commentary by Susan A. Stephens. Oxford, 2015.

Marcus Iunianus Iustinus: Epitome historiarum Philippicarum Pompei Trogi. *Römische Weltgeschichte : lateinisch und deutsch. Band 2.* Eingeleitet, übersetzt und kommentiert von Peter Emberger, Darmstadt, 2015.

Pausanias: *Reisen in Griechenland.* Gesamtausgabe in drei Bänden aufgrund der Übersetzung von Ernst Meyer, Hrsg. Felix Eckstein. München, 1986³.

Pindar: Epinikien. *Siegesgesänge und Fragmente.* Griechisch und deutsch. Herausgegeben und übersetzt von Oskar Werner. München, 1967.

Publius Ovidus Naso: *Metamorphosen.* Lateinisch und deutsch. Übersetzt und herausgegeben von Michael von Albrecht. Stuttgart, 2010.

Theokrit: *Gedichte.* Griechisch-deutsch. e.d F.P. Fritz, München 1970.

Literatur

Jakob Escher-Bürkli: *RE II 2* (1896) Sp. 1890-1894, s.v. Atalante Nr. 4.

Karl Kerényi: *Die Mythologie der Griechen.* Götter, Menschen & Heroen. Stuttgart, ⁷2016.

Lexicon Iconographicon mythicae classicae. Zürich, 1981-2009.

Wilhelm Heinrich Roscher: *Lexikon der griechischen und römischen Mythologie.* Hildesheim, 1965 Reprografischer Nachdruck von: Leipzig, Bd, I 1 - II 2, 1884-1886.

BEI GRIN MACHT SICH IHR WISSEN BEZAHLT

- Wir veröffentlichen Ihre Hausarbeit, Bachelor- und Masterarbeit

- Ihr eigenes eBook und Buch - weltweit in allen wichtigen Shops

- Verdienen Sie an jedem Verkauf

Jetzt bei www.GRIN.com hochladen und kostenlos publizieren